the beat

The Chord Song

CW00520214

Wise Publications
London/New York/Paris/Sydney/Copenhagen/Madrid

Exclusive Distributors:
Music Sales Limited
8-9 Frith Street,
London W1V 5TZ, England.
Music Sales Pty Limited
120 Rothschild Avenue,
Rosebery, NSW 2018, Australia.

Order No. NO90664
ISBN 0-7119-7056-4
This book © Copyright 1997 by Wise Publications

Compiled by Peter Evans
Edited by Arthur Dick
Music arranged by Rob Smith
Music processed by The Pitts

Cover design by Pearce Marchbank, Studio Twenty
Photographs by Pictorial Press Ltd

Printed in the United Kingdom by
Caligraving Limited, Thetford, Nolfolk.

Your Guarantee of Quality
As publishers, we strive to produce every book
to the highest commercial standards.
This book has been carefully designed to minimise awkward
page turns and to make playing from it a real pleasure.
Particular care has been given to specifying acid-free,
neutral-sized paper made from pulps which have not been
elemental chlorine bleached. This pulp is from farmed sustainable
forests and was produced with special regard for the environment.
Throughout, the printing and binding have been planned to
ensure a sturdy, attractive publication which should give years
of enjoyment. If your copy fails to meet our high standards,
please inform us and we will gladly replace it.

Music Sales' complete catalogue describes thousands
of titles and is available in full colour sections by subject,
direct from Music Sales Limited. Please state your areas of interest
and send a cheque/postal order for £1.50 for postage to:
Music Sales Limited, Newmarket Road,
Bury St. Edmunds, Suffolk IP33 3YB.

Visit the Internet Music Shop at
http://www.musicsales.co.uk

Relative Tuning

The guitar can be tuned with the aid of pitch pipes or dedicated electronic guitar tuners which are available through your local music dealer. If you do not have a tuning device, you can use relative tuning. Estimate the pitch of the 6th string as near as possible to E or at least a comfortable pitch (not too high, as you might break other strings in tuning up). Then, while checking the various positions on the diagram, place a finger from your left hand on the:

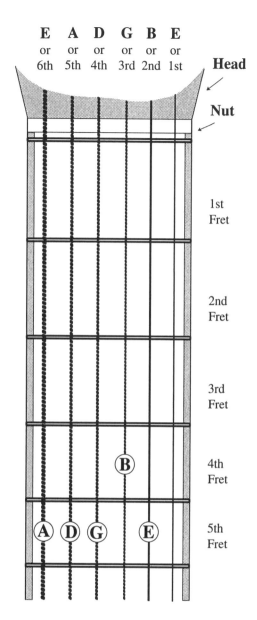

E   A   D   G   B   E
or   or   or   or   or   or
6th 5th 4th 3rd 2nd 1st   **Head**

Nut

1st Fret

2nd Fret

3rd Fret

4th Fret

5th Fret

5th fret of the E or 6th string and **tune the open A** (or 5th string) to the note (A)

5th fret of the A or 5th string and **tune the open D** (or 4th string) to the note (D)

5th fret of the D or 4th string and **tune the open G** (or 3rd string) to the note (G)

4th fret of the G or 3rd string and **tune the open B** (or 2nd string) to the note (B)

5th fret of the B or 2nd string and **tune the open E** (or 1st string) to the note (E)

Reading Chord Boxes

Chord boxes are diagrams of the guitar neck viewed head upwards, face on as illustrated. The top horizontal line is the nut, unless a higher fret number is indicated, the others are the frets.

The vertical lines are the strings, starting from E (or 6th) on the left to E (or 1st) on the right.

The black dots indicate where to place your fingers.

Strings marked with an O are played open, not fretted.

Strings marked with an X should not be played.

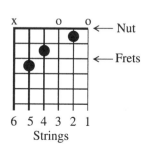

x   o   o   ← Nut

← Frets

6 5 4 3 2 1
Strings

3

A Day In The Life

Words & Music by
John Lennon and Paul McCartney

Intro | G   Bm | Em   Em⁷ | C | C ||

Verse 1
```
G            Bm          Em  Em⁷
I read the news today, oh boy,
C       C/B         Asus²
About a lucky man who made the grade.
G            Bm             Em  Em⁷
And though the news was rather sad,
C           F        Em  Em⁷
Well, I just had to laugh,
C           F        Em  C
I saw the photograph.
```

Verse 2
```
G            Bm           Em  Em⁷
He blew his mind out in a car,
C       C/B          Asus²
He didn't notice that the lights had changed.
G            Bm             Em     Em⁷
A crowd of people stood and stared,
C                F
They'd seen his face before,
Em
Nobody was really sure
  Em⁷                          C
If he was from the House of Lords.
```

4

```
        G         Bm              Em  Em7
```
I saw a film today, oh boy,
```
        C             C/B         Asus2
```
The English army had just won the war.
```
        G           Bm            Em   Em7
```
A crowd of people turned away,
```
        C           F           Em
```
But I just had to look,
```
              Em7     C
```
Having read the book,
```
              N.C.(B5)
```
I'd love to turn you on.

‖: N.C. | N.C. | N.C. | N.C. | N.C. :‖ E | E ‖

```
                                                        Dsus2
```
Woke up, got out of bed, dragged a comb across my head,
```
              E                   B7sus4
```
Found my way downstairs and drank a cup
```
          E         B7sus4          B7
```
And looking up I noticed I was late. Ha, ha, ha.
```
                E
```
Found my coat and grabbed my hat,
```
                    Dsus2
```
Made the bus in seconds flat,
```
                E               B7sus4
```
Found my way upstairs and had a smoke
```
          E                     B7sus4
```
And somebody spoke and I went into a dream.

```
        C  G    D  A   E    C  G    D  A  | E D C D ‖
```
Ah,__ ah,__ ah,__ ah,__ ah. __

```
        G           Bm            Em  Em7
```
I read the news today, oh boy,
```
        C                 C/B             Asus2
```
Four thousand holes in Blackburn, Lancashire.
```
        G               Bm              Em    Em7
```
And though the holes were rather small,
```
        C           F
```
They had to count them all;
```
Em                              Em7                    C
```
Now they know how many holes it takes to fill the Albert Hall.
```
              N.C.(B5)
```
I'd love to turn you on.

‖: N.C. | N.C. | N.C. | N.C. | N.C. :‖ E ‖

A Hard Day's Night

Words & Music by
John Lennon and Paul McCartney

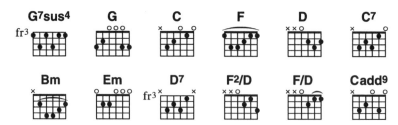

Verse 1

G7sus4   G   C   G
  It's been a hard day's night,

            F   G
And I've been working like a dog.

          C   G
It's been a hard day's night,

            F   G
I should be sleeping like a log.

            C
But when I get home to you,

           D
I find the things that you do,

           G   C7 G
Will make me feel al - right.

Verse 2

           G   C G
You know I work all day,

            F   G
To get you money to buy you things.

                    C   G
And it's worth it just to hear you say,

           F   G
You're gonna give me everything.

           C
So why on earth should I moan,

           D
'Cause when I get you alone,

           G   C7 G
You know I feel O. K.

Middle 1

             Bm
When I'm home

Em   **Bm**
Ev'rything seems to be right.

              G
When I'm home,

Em
Feeling you holding me

C7   **D7**
Tight, tight, yeah.

Verse 3   As Verse 1

Instrumental ‖: G   C | G | F | G   :‖

               C
So why on earth should I moan,

               D
'Cause when I get you alone,

               G **C7 G**
You know I feel O. K

Middle 2   As Middle 1

Verse 4   As Verse 1

Outro

C7   **G** **C7**   **G**
  You know I feel al - right,

C7   **G** **Cadd9** **F2/D** **F/D**
  You know I feel al - right.

‖: **F2/D**   **F/D** | **F2/D**   **F/D** :‖ *Repeat to fade*

Across The Universe

Words & Music by
John Lennon and Paul McCartney

D   **F#m**   **A**   **Bm**   **Em7**   **A7**   **Gm** fr3   **G** fr3

Intro | D | F#m | A ||

Verse 1

D   Bm   F#m
Words are flying out like endless rain into a paper cup,

Em7   A7
They slither while they pass, they slip away across the universe.

D   Bm   F#m
Pools of sorrow, waves of joy are drifting through my open mind,

Em7   Gm
Possessing and caressing me.

Chorus 1

D   A7
Jai. Guru. Deva. Om.

A
Nothing's gonna change my world,

G   D
Nothing's gonna change my world.

A
Nothing's gonna change my world,

G   D
Nothing's gonna change my world.

Verse 2

Bm   F#m   Em7
Images of broken light which dance before me like a million eyes,

A7
That call me on and on across the universe.

D   Bm   F#m
Thoughts meander like a restless wind inside a letter box,

Em7   A7
They tumble blindly as they make their way across the universe.

Chorus 2

```
D                    A7
Jai. Guru. Deva. Om.
A
Nothing's gonna change my world,
G                         D
Nothing's gonna change my world.
A
Nothing's gonna change my world,
G                         D
Nothing's gonna change my world.
```

Verse 3

```
                    Bm                   F#m
Sounds of laughter, shades of earth are ringing through my open views,
   Em7         Gm
Inciting and inviting me.
D           Bm              F#m                      Em7
Limitless, undying love which shines around me like a million suns,
                    A7
It calls me on and on across the universe.
```

Chorus 3   As Chorus 2

Outro

```
   (D)
‖: Jai. Guru. Deva. :‖  Repeat to fade
```

Back In The USSR

Words & Music by
John Lennon & Paul McCartney

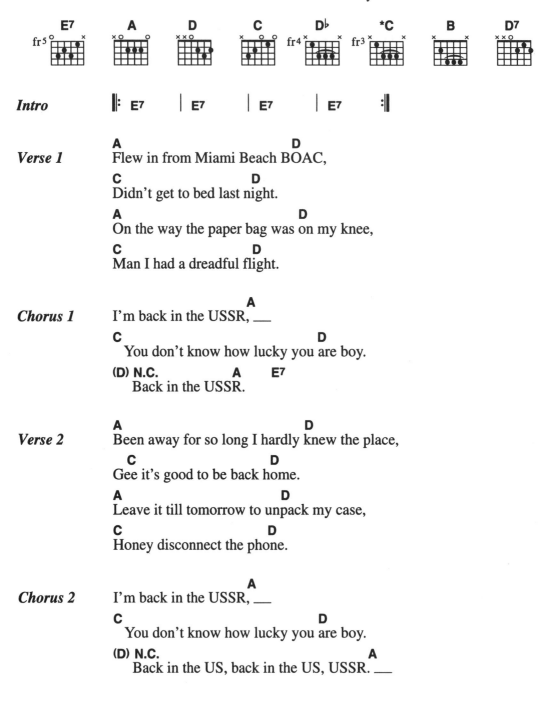

Intro   ‖: E7 | E7 | E7 | E7 :‖

Verse 1

   A   D
Flew in from Miami Beach BOAC,
   C   D
Didn't get to bed last night.
   A   D
On the way the paper bag was on my knee,
   C   D
Man I had a dreadful flight.

Chorus 1

                      A
I'm back in the USSR, __
   C   D
   You don't know how lucky you are boy.
(D) N.C.   **A**   **E7**
   Back in the USSR.

Verse 2

   A   D
Been away for so long I hardly knew the place,
     C   D
Gee it's good to be back home.
   A   D
Leave it till tomorrow to unpack my case,
   C   D
Honey disconnect the phone.

Chorus 2

                     A
I'm back in the USSR, __
   C   D
   You don't know how lucky you are boy.
(D) N.C.   **A**
   Back in the US, back in the US, USSR. __

Bridge 1

         D
Well the Ukraine girls really knock me out,

      A
They leave the West behind,

      D   **D♭**   ***C**   **B**
And Moscow girls make me sing and shout

      E7   **D7 A**   **E7**
That Georgia's always on my mind.

Solo   ‖: **A** | **D** | **C** | **D**   :‖

Chorus 2

                    A
I'm back in the USSR, ___

C   **D**
  You don't know how lucky you are boys.

(D) N.C.   **A**
  Back in the USSR. ___

Bridge 2   As Bridge 1

Verse 3

A   **D**
Show me round your snow peaked mountains way down south,

C   **D**
Take me to your daddy's farm.

A   **D**
Let me hear your balalaikas ringing out,

C   **D**
Come and keep your comrades warm.

Chorus 3

                    A
I'm back in the USSR, ___

C   **D**
  You don't know how lucky you are boys.

D N.C.   **A**
  Back in the USSR. ___

D N.C.   **A**
  Back in the USSR. ___

            E7   **A**
Oh, let me tell you honey.

Play 3 times
‖: **A** | **A**   :‖ **A**   ‖

Can't Buy Me Love

Words & Music by
John Lennon & Paul McCartney

Em   Am   Dm   G13   C7   F7   G7

Intro

               Em Am Em Am
Can't buy me love, ___ love, ___
               Dm G13
Can't buy me love. ___

Verse 1

     C7
I'll buy you a diamond ring my friend,

If it makes you feel alright.
     F7
I'll get you anything my friend,
     C7
If it makes you feel alright.
     G7   F7
'Cos I don't care too   much for money,
                    C7
(For) money can't buy me love.

Verse 2

     C7
I'll give you all I've got to give,

If you say you love me too.
      F7
I may not have a lot to give,
         C7
But what I've got I'll give to you.
G7   F7
I don't care too   much for money.
                   C7
(For) money can't buy me love.

Chorus 1

                    Em Am
Can't buy me love, ____

C7
Everybody tells me so.

                    Em Am
Can't buy me love, ____

Dm   **G13**
No, no, no, no.

Verse 3

C7
Say you don't need no diamond rings

And I'll be satisfied.

F7
Tell me that you want the kind of things

        C7
That money just can't buy.

G7   **F7**
I don't care too   much for money.

                    C7
(For) money can't buy me love.

Solo

C7	**C7**	**C7**	**C7**
F7	**F7**	**C7**	**C7**
G7	**F7**	**C7**	**C7**	

Chorus 2   As Chorus 1

Verse 4   As Verse 3

Outro

                   Em Am Em Am
Can't buy me love, ____ love, ____

                 Dm G13
Can't buy me love ____

C7
Oh.

Eight Days A Week

Words & Music by
John Lennon & Paul McCartney

Intro | Dadd9 | *E | *G6 | Dadd9 ||

Verse 1

D   E7
Ooh, I need your love, babe,

G   D
Guess you know it's true.

D   E7
Hope you need my love, babe,

G   D
Just like I need you.

Chorus 1

Bm   G6
Hold me, love me,

Bm   E
Hold me, love me.

 D   E7
I ain't got nothing but love, babe,

G   D
 Eight days a week.

Verse 2

D   E7
Love you every day, girl,

          G   D
You're always on my mind.

D   E7
One thing I can say, girl,

G   D
Love you all the time.

Chorus 2

Bm   G6
Hold me, love me,

Bm   E
Hold me, love me.

    D   E7
I ain't got nothing but love, girl,

G   D
  Eight days a week.

Middle 1

 A
Eight days a week,

  Bm
I love ____ you.

E
Eight days a week

    G   A
Is not enough to show I care.

Verse 3   As Verse 1

Chorus 3   As Chorus 1

Middle 2   As Middle 1

Verse 4   As Verse 2

Chorus 3

Bm   G6
Hold me, love me,

Bm   E
Hold me, love me,

    D   E7
I ain't got nothing but love, girl,

G   D
  Eight days a week.

G   D
  Eight days a week.

G   D
  Eight days a week.

Outro | Dadd9 | *E | *G6 | Dadd9   ‖

Get Back

Words & Music by
John Lennon and Paul McCartney

A5	G	D/A	D	A7	D7

Intro | A5 | A5 | A5 | G D/A ‖

Verse 1

A5
Jojo was a man who thought he was a loner
D   A5
But he knew it couldn't last.

Jojo left his home in Tucson, Arizona
D   A5
For some California grass.

Chorus 1

A7
Get back, get back,
D7   A5   G D/A
Get back to where you once belonged.
A7
Get back, get back,
D7   A5
Get back to where you once belonged.

Get back Jojo.

Solo   ‖: (A5) | A5 | D | A5 G D/A :‖

Chorus 2

A7
Get back, get back,
D7   A5   G D/A
Get back to where you once belonged.
A7
Get back, get back,
A5   D
Get back to where you once belonged.
A5
Get back Jo.

Solo ‖: (A5) │ A5 │ A5 │ A5   G   D/A :‖

Verse 2
A5
Sweet Loretta Martin thought she was a woman
D   A5
But she was another man.

All the girls around her say she's got it coming
D   A5
But she gets it while she can.

Chorus 3
A7
Get back, get back,
D7   A5   G   D/A
Get back to where you once belonged.
A7
Get back, get back,
D7   A5
Get back to where you once belonged.

Get back Loretta.

Solo ‖: A5 │ A5 │ D │ A5   G   D/A :‖

Chorus 4
A7
Get back, get back,
D7   A5   G   D/A
Get back to where you once belonged.
A7
Get back, get back,
D7   D
Get back to where you once belonged.   Ooh.

‖: A5 │ A5 │ D │ A5   G   D/A :‖ *Repeat to fade*
            Get back.

Girl

Words & Music by
John Lennon & Paul McCartney

Em   B7   Em7   Am   C6   G   Bm   D7   E

Capo 8th fret

Verse 1
                Em   B7   Em Em7
Is there anybody going to listen to my story
Am   C6   G B7
All about the girl who came to stay?
                Em   B7   Em   Em7
She's the kind of girl you want so much it makes you sorry,
Am   C6   Em
Still you don't regret a single day.

Chorus 1
          G Bm   Am D7
Ah, girl, ____
G   Bm   Am D7
Girl, girl.

Verse 2
                Em   B7   Em   Em7
When I think of all the times I've tried so hard to leave her,
Am   C6   G B7
She will turn to me and start to cry.
                Em   B7   Em Em7
And she promises the earth to me and I be - lieve her,
Am   C6   Em
After all this time I don't know why.

Chorus 2
          G Bm   Am D7
Ah, girl, ____
G   Bm   Am D7
Girl, girl.

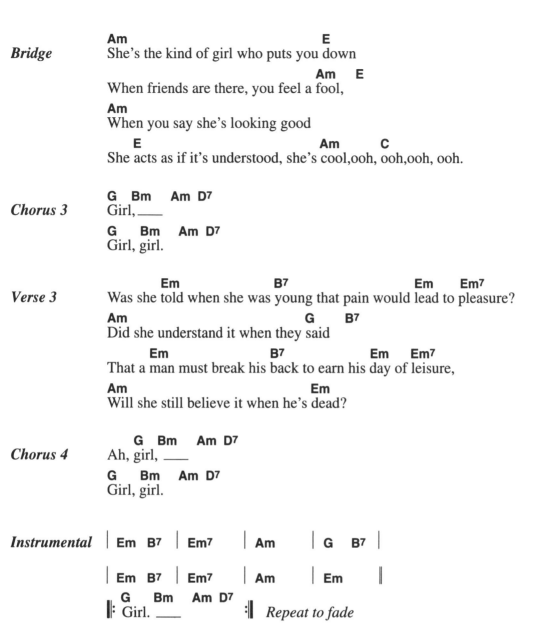

Bridge

Am   E
She's the kind of girl who puts you down

                                 Am   E
When friends are there, you feel a fool,

Am
When you say she's looking good

     E   Am   C
She acts as if it's understood, she's cool,ooh, ooh,ooh, ooh.

Chorus 3

G   Bm   Am D7
Girl, ___

G   Bm   Am D7
Girl, girl.

Verse 3

              Em   B7   Em   Em7
Was she told when she was young that pain would lead to pleasure?

Am   G   B7
Did she understand it when they said

             Em   B7   Em   Em7
That a man must break his back to earn his day of leisure,

Am   Em
Will she still believe it when he's dead?

Chorus 4

      G Bm   Am D7
Ah, girl, ___

G   Bm   Am D7
Girl, girl.

Instrumental | Em B7 | Em7 | Am | G   B7 |

                     | Em B7 | Em7 | Am | Em ||

                        G   Bm   Am D7
                      |: Girl. ___   :| *Repeat to fade*

Help!

Words & Music by
John Lennon and Paul McCartney

Bm   G   E   A   C#m   fr4   F#m   D   Asus2   A6

Intro

Bm
Help! I need somebody.

G
Help! Not just anybody.

E
Help! You know I need someone.

A
Help!

Verse 1

  A   **C#m**
  When I was younger, so much younger than today,

F#m   **D**   **G**   **A**
  I never needed anybody's help in any way.

  A   **C#m**
  But now those days are gone I'm not so self assured,

F#m   **D**   **G**   **A**
  Now I find I've changed my mind, I've opened up the doors.

Chorus 1

Bm
Help me if you can I'm feeling down,

    G
And I do appreciate you being 'round,

E
Help me get my feet back on the ground,

          A | **A**   **Asus2** | **A**   **Asus2 A** ‖
Won't you please, please help me?

Verse 2

  A   **C#m**
  And now my life has changed in oh, so many ways,

F#m   **D**   **G**   **A**
  My independence seems to vanish in the haze.

  A   **C#m**
  But ev'ry now and then I feel so insecure,

F#m   **D**   **G**   **A**
  I know that I just need you like I've never done before.

Chorus 2

Bm
Help me if you can I'm feeling down,

      G
And I do appreciate you being 'round,

E
Help me get my feet back on the ground,

        A | A   Asus2 | A   Asus2 A ||
Won't you please, please help me?

Verse 3

A   C♯m
  When I was younger, so much younger than today,

F♯m   D   G   A
  I never needed anybody's help in any way.

A   C♯m
  But now those days are gone I'm not so self assured,

F♯m   D   G   A
  Now I find I've changed my mind, I've opened up the doors.

Chorus 3

Bm
Help me if you can I'm feeling down,

      G
And I do appreciate you being around,

E
Help me get my feet back on the ground,

      A   F♯m
Won't you please, please help me?

      A   A6
Help me, help me, ooh, mm.

Hey Jude

Words & Music by
John Lennon and Paul McCartney

E **B7** **A** **E7** **A/G#** **A/F#** **A/E** **D**

Capo 1st fret

Verse 1

      E   **B7**
Hey Jude, don't make it bad,

                       E
Take a sad song and make it better.

A   **E**
Remember to let her into your heart,

        B7   **E**
Then you can start to make it better.

Verse 2

      (E)   **B7**
Hey Jude, don't be afraid,

                     E
You were made to go out and get her.

A   **E**
The minute you let her under your skin,

        B7   **E** **E7**
Then you begin to make it better.

Bridge 1

                      A
And anytime you feel the pain,

     A/G#   **A/F#**
Hey Jude, refrain,

        A/E   **B7**   **E**   **E7**
Don't carry the world upon your shoulders.

                   A
For well you know that it's a fool

     A/G#   **A/F#**
Who plays it cool

     A/E   **B7**   **E**
By making his world a little colder.

         E7   **B7**
Na na na na na, na na na na.

Verse 3

      E   **B7**
Hey Jude, don't let me down,

                         E
You have found her, now go and get her.

  A   **E**
Remember to let her into your heart,

           B7   **E** **E7**
Then you can start to make it better.

Bridge 2

                      A
So let it out and let it in,

       A/G♯   **A/F♯**
Hey Jude, begin,

          A/E   **B7**   **E**   **E7**
You're waiting for someone to perform with.

                          A
And don't you know that it's just you,

       A/G♯   **A/F♯**
Hey Jude, you'll do,

          A/E   **B7**   **E**
The movement you need is on your shoulder.

          E7   **B7**
Na na na na na, na na na na. Yeah.

Verse 4

      E   **B7**
Hey Jude, don't make it bad,

                    E
Take a sad song and make it better.

  A   **E**
Remember to let her under your skin,

         B7   **E**
Then you begin to make it better, better, better, better, better, better, oh.

Outro

‖: **E**   **D**   **A**   **E**
Na __ na na, na na na, __ na na na. __ Hey Jude. :‖ *Repeat to fade*

I Want To Hold Your Hand

Words & Music by
John Lennon and Paul McCartney

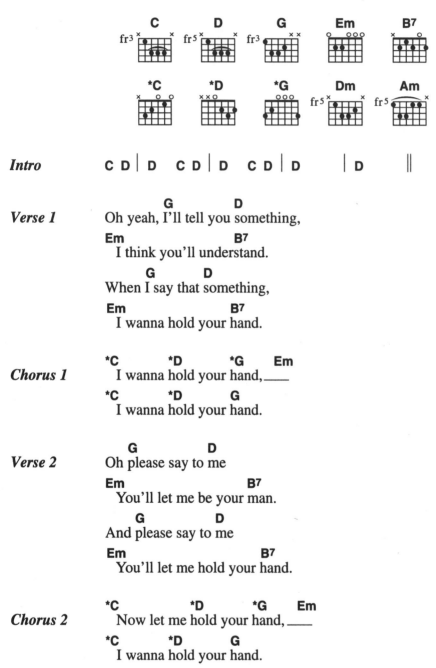

Intro   C D | D   C D | D   C D | D | D   ‖

Verse 1

               G   D
Oh yeah, I'll tell you something,
Em   B7
   I think you'll understand.
          G   D
When I say that something,
Em   B7
   I wanna hold your hand.

Chorus 1

*C   *D   *G   Em
   I wanna hold your hand,___
*C   *D   G
   I wanna hold your hand.

Verse 2

         G   D
Oh please say to me
Em   B7
   You'll let me be your man.
        G   D
And please say to me
Em   B7
   You'll let me hold your hand.

Chorus 2

*C   *D   *G   Em
   Now let me hold your hand, ___
*C   *D   G
   I wanna hold your hand.

Middle 1

```
Dm            G
And when I touch you
      C         Am
I feel happy inside.
Dm          G
 It's such a feeling
            C         D
That my love I can't hide,
C     D   C    D
I can't hide, I can't hide.
```

Verse 3

```
          G           D
Yeah, you got that something,
Em                   B7
 I think you'll understand.
         G      D
When I say that something,
Em                   B7
 I wanna hold your hand.
```

Chorus 3

```
*C       *D       *G    Em
 I wanna hold your hand, ____
*C       *D       G
 I wanna hold your hand.
```

Middle 2   As Middle 1

Verse 4

```
          G           D
Yeah, you got that something,
Em                   B7
 I think you'll understand.
         G       D
When I feel that something,
Em                   B7
 I wanna hold your hand.
```

Chorus 4

```
*C       *D       *G    Em
 I wanna hold your hand, ____
*C       *D       B7
 I wanna hold your hand,
*C       *D       *C *G
 I wanna hold your hand.
```

In My Life

Words & Music by
John Lennon and Paul McCartney

Chords: A E F#m A/G D Dm B G

Intro | A   E | E | A   E | E ||

Verse 1
            A   **F#m**   **A/G**
There are places I remember
        D   **Dm**   **A**
All my life, ___ though some have changed.
                        F#m   **A/G**
Some for ever, not for better,
            D   **Dm**   **A**
Some have gone ___ and some remain.

Chorus 1
            F#m   **D**
All these places had their moments
        G   **A**
With lovers and friends I still can recall.
            F#m   **B**
Some are dead and some are living,
    Dm   **A**   **A** | **E** ||
In my life I've loved them all.

Verse 2
            A   **F#m**   **A/G**
But of all these friends and lovers,
        D   **Dm**   **A**
There is no - one compares with you.
                            F#m   **A/G**
And these memories lose their meaning
        D   **Dm**   **A**
When I think of love as something new.

Chorus 2

         F♯m   **D**
Though I know I'll never lose affection
     G   **A**
For people and things that went before.
    F♯m   **B**
I know I'll often stop and think about them,
      Dm   **A**
In my life I love you more.

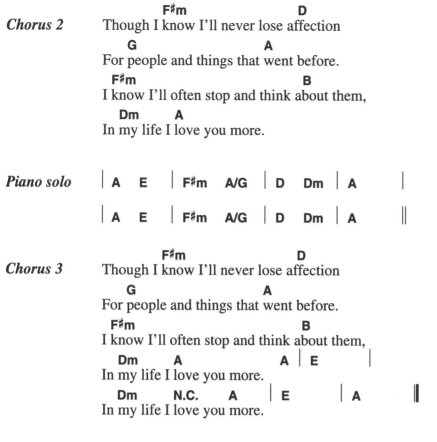

Piano solo

| A E | F♯m A/G | D Dm | A |

| A E | F♯m A/G | D Dm | A ||

Chorus 3

         F♯m   **D**
Though I know I'll never lose affection
     G   **A**
For people and things that went before.
    F♯m   **B**
I know I'll often stop and think about them,
      Dm   **A**   **A** | **E** |
In my life I love you more.
      Dm   **N.C.**   **A** | **E** | **A** ||
In my life I love you more.

Let It Be

Words & Music by
John Lennon and Paul McCartney

C   G   Am   Fmaj7   F6   F   C/G

Intro | C G | Am Fmaj7 F6 | C G | F C ||

Verse 1
      C   G
When I find myself in times of trouble,
Am   Fmaj7   F6
Mother Mary comes to me,
C   G   F C
Speaking words of wisdom, let it be.
      C   G
And in my hour of darkness
         Am   Fmaj7   F6
She is standing right in front of me,
C   G   F C
Speaking words of wisdom, let it be.

Chorus 1
        Am   C/G   F   C
Let it be, let it be, let it be, let it be,
                        G   F C
Whisper words of wisdom, let it be.

Verse 2
        C   G
And when the broken hearted people
Am   Fmaj7   F6
Living in the world agree,
C   G   F C
There will be an answer, let it be.
       C   G
For though they may be parted there is
Am   Fmaj7   F6
Still a chance that they will see.
C   G   F C
There will be an answer, let it be.

Chorus 2

       Am   C/G   F   C
Let it be, let it be, let it be, let it be,
                           G   F C
There will be an answer, let it be.
       Am   C/G   F   C
Let it be, let it be, let it be, let it be,
                           G   F C
Whisper words of wisdom, let it be.

   | F   C | G F C | F   C | G F C |

Solo   ‖: C   G | Am F | C G | F   C :‖

Chorus 3

       Am   C/G   F   C
Let it be, let it be, let it be, let it be,
                           G   F C
Whisper words of wisdom, let it be.

Verse 3

          C   G
And when the night is cloudy,
         Am   Fmaj7   F6
There is still a light that shines on me,
C   G   F C
Shine until tomorrow, let it be.
     C   G
I wake up to the sound of music,
Am   Fmaj7   F6
Mother Mary comes to me,
C   G   F C
Speaking words of wisdom, let it be.

Chorus 4

       Am   C/G   F   C
Let it be, let it be, let it be, let it be,
                           G   F C
There will be an answer, let it be.
       Am   C/G   F   C
Let it be, let it be, let it be, let it be,
                           G   F C
There will be an answer, let it be.
       Am   C/G   F   C
Let it be, let it be, let it be, let it be,
                           G   F C
Whisper words of wisdom, let it be.

   | F   C | G F C   ‖

Love Me Do

Words & Music by
John Lennon and Paul McCartney

G   C   D

Intro | G | C | G | C | G | C | G | G ||

Chorus 1
```
G              C
Love, love me do,
  G            C
You know I love you.
  G          C
I'll always be true
```

So please ___
```
N.C.    G   C  G       C
Love me do, ___ oh, love me do.
```

Chorus 2
```
G              C
Love, love me do,
  G            C
You know I love you.
  G          C
I'll always be true
```

So please ___
```
N.C.    G   C  G       C
Love me do, ___ oh, love me do.
```

Bridge
```
D
Someone to love,
C           G
Somebody new.
D
Someone to love,
C           G
Someone like you.
```

Chorus 3

   G   **C**
Love, love me do,

       G   **C**
You know I love you.

      G   **C**
I'll always be true

So please ____

N.C.   **G**   **C**   **G**
Love me do, ___ oh, love me do.

Solo   ‖: **D** | **D** | **C** | **G**   :‖

       | **G** | **G** | **G** | **G** **(D)** ‖

Chorus 4

   G   **C**
Love, love me do,

       G   **C**
You know I love you.

      G   **C**
I'll always be true

So please ____

N.C.   **G**   **C**   **G**   **C**
Love me do, ___ oh, love me do.

          G   **C**
‖: Yeah, love me do,

      G   **C**
Oh, love me do.   :‖ *Repeat to fade*

Norwegian Wood
(This Bird Has Flown)

Words & Music by
John Lennon & Paul McCartney

D   C2   G/B   Dm   G   Em7   A

Capo 2nd fret

Intro   ‖: D | D | D C2 G/B | D :‖

Verse 1

D
I once had a girl,

Or should I say
C2   **G/B D**
She once had me?
D
She showed me her room,

Isn't it good,
C2   **G/B D**
Norwegian wood?

Middle 1

      Dm   **G**
She asked me to stay and she told me to sit anywhere.
      Dm   **Em7**   **A**
So I looked around and I noticed there wasn't a chair.

Verse 2

D
I sat on a rug

Biding my time,
C2   **G/B D**
Drinking her   wine.
D
We talked until two,

And then she said,
C2   **G/B D**
"It's time for   bed."

Instrumental ‖: D | D | D C2 G/B | D   :‖

Middle 2
    Dm   **G**
She told me she worked in the morning and started to laugh.
    Dm   **Em7** **A**
I told her I didn't and crawled off to sleep in the bath.

Verse 3
D
And when I awoke

I was alone,
C2   **G/B** **D**
This bird had   flown.
D
So I lit a fire,

Isn't it good,
C2   **G/B** **D**
Norwegian wood?

Instrumental | D | D | D C2 G/B | D   ‖

Penny Lane

Words & Music by
John Lennon and Paul McCartney

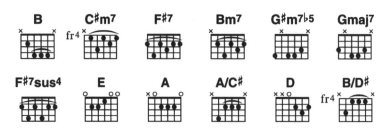

Verse 1

              B   **C#m7**   **F#7**
In Penny Lane there is a barber showing photographs
  B   **Bm7**
Of ev'ry head he's had the pleasure to know,
      G#m7♭5   **Gmaj7**
And all the people that come and go,
         F#7sus4 **F#7** **F#7sus4** **F#7**
Stop and say hello.

Verse 2

           B   **C#m7**   **F#7**
On the corner is a banker with a motorcar,
       B   **Bm7**
The little children laugh at him behind his back,
      G#m7♭5   **Gmaj7**
And the banker never wears a "mac"
    F#7sus4   **F#7**   **E**
In the pouring rain,   –   very strange.

Chorus 1

      A   **A/C#**   **D**
Penny Lane is in my ears and in my eyes,
A   **A/C#**   **D**
There beneath the blue suburban skies
      F#7
I sit, and meanwhile back…

Verse 3

             B   **C#m7**   **F#7**
In Penny Lane there is a fireman with an hourglass,
        B   **Bm7**
And in his pocket is a portrait of the Queen.
      G#m7♭5   **Gmaj7**
He likes to keep his fire engine clean,
    F#7sus4   **F#7** **F#7sus4** **F#7**
It's a clean machine.

Solo | B | C#m7 F#7 | B | Bm7 |
        | G#m7♭5 | Gmaj7 | F#7sus4 F#7 | E   ‖

Chorus 2

        A   **A/C#**   **D**
Penny Lane is in my ears and in my eyes,
  A   **A/C#**   **D**
  Full of fish and finger pies
        F#7
In summer, meanwhile back…

Verse 4

        B   **C#m7**   **F#7**
Behind the shelter in the middle of the roundabout
        B   **Bm7**
The pretty nurse is selling poppies from a tray,
        G#m7♭5   **Gmaj7**
And though she feels as if she's in a play,
     F#7sus4 **F#7** **F#7sus4** **F#7**
She is anyway.

Verse 5

        B   **C#m7**   **F#7**
In Penny Lane the barber shaves another customer,
       B   **Bm7**
We see the banker sitting waiting for a trim,
       G#m7♭5   **Gmaj7**
And then the fireman rushes in
    F#7sus4   **F#7** **E**
From the pouring rain,   – very strange.

Chorus 3

        A   **A/C#**   **D**
Penny Lane is in my ears and in my eyes,
  A   **A/C#**   **D**
There beneath the blue suburban skies
      F#7
I sit, and meanwhile back…
       B   **B/D#**   **E**
Penny Lane is in my ears and in my eyes,
  B   **B/D#**   **E**   **E/B**
There beneath the blue suburban skies…
       B
Penny Lane.

She Loves You

Words & Music by
John Lennon and Paul McCartney

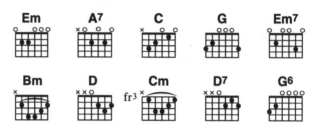

Intro

    Em
She loves you, yeah, yeah, yeah,
    A7
She loves you, yeah, yeah, yeah,
    C   **G**
She loves you, yeah, yeah, yeah, yeah.

Verse 1

    G   **Em7**
You think you lost your love,
    Bm   **D**
Well I saw her yesterday – yi – yay.
    G   **Em7**
It's you she's thinking of,
    Bm   **D**
And she told me what to say – yi – yay.
      G   **Em**
She says she loves you, and you know that can't be bad,
    Cm   **D**
Yes, she loves you, and you know you should be glad.

Verse 2

    G   **Em7**
She said you hurt her so,
    Bm   **D**
She almost lost her mind.
    G   **Em7**
But now she says she knows,
    Bm   **D**
You're not the hurting kind.
      G   **Em**
She says she loves you, and you know that can't be bad,
    Cm   **D**
Yes, she loves you, and you know you should be glad. Ooh.

Chorus 1

      Em
She loves you, yeah, yeah, yeah,
      A7
She loves you, yeah, yeah, yeah.
        Cm
With a love like that,
      D7   **G**
You know you should be glad.

Verse 3

        G   **Em7**
You know it's up to you,
     Bm   **D**
I think it's only fair.
G   **Em7**
Pride can hurt you too,
     Bm   **D**
Apologise to her.
          G   **Em**
Because she loves you, and you know that can't be bad,
       Cm   **D**
Yes, she loves you, and you know you should be glad.   Ooh.

Chorus 2

      Em
She loves you, yeah, yeah, yeah,
      A7
She loves you, yeah, yeah, yeah.
        Cm
With a love like that,
      D7   **G**   **Em**
You know you should be glad.
        Cm   **N.C.**
With a love like that,
      D   **G**   **Em**
You know you should be glad.
        Cm   **N.C.**
With a love like that,
      D7   **G**   **Em**
You know you should be glad.

Yeah, yeah, yeah,
C   **G6**
Yeah, yeah, yeah, yeah.

Ticket To Ride

Words & Music by
John Lennon & Paul McCartney

A   Bm   E   F#m   D7   Gmaj7   E7

Intro | A | A | A | A ||

Verse 1

   A
I think I'm gonna be sad, I think it's today, yeah!

              Bm **E**
The girl that's driving me mad is going away.

F#m   **D7**
She's got a ticket to ride,

F#m   **Gmaj7**
She's got a ticket to ride,

F#m   **E**   **A**
She's got a ticket to ride, and she don't care.

Verse 2

    A
She said that living with me is bringing her down, yeah!

             Bm **E**
For she would never be free when I was around.

F#m   **D7**
She's got a ticket to ride,

F#m   **Gmaj7**
She's got a ticket to ride,

F#m   **E**   **A**
She's got a ticket to ride, but she don't care.

Bridge 1

   D7
I don't know why she's riding so high.

She ought to think twice,

           E **E7**
She ought to do right by me.

   D7
Before she gets to say goodbye,

She ought to think twice,

         E
She ought to do right by me.

Verse 3
       A
I think I'm gonna be sad, I think it's today, yeah!
                                        Bm   **E**
The girl that's driving me mad is going away.
      F♯m   **D7**
Ah, she's got a ticket to ride,
F♯m   **Gmaj7**
She's got a ticket to ride,
F♯m   **E**   **A**
She's got a ticket to ride, but she don't care.

Bridge 2
       D7
I don't know why she's riding so high.

She ought to think twice,
                       E   **E7**
She ought to do right by me.
     D7
Before she gets to say goodbye,

She ought to think twice,
                       E
She ought to do right by me.

Verse 4
       A
She said that living with me is bringing her down, yeah!
                                     Bm   **E**
For she would never be free when I was around.
F♯m   **D7**
She's got a ticket to ride,
F♯m   **Gmaj7**
She's got a ticket to ride,
F♯m   **E**   **A**
She's got a ticket to ride, but she don't care.
      A
‖: My baby don't care.   :‖   *Repeat to fade*

We Can Work It Out

Words & Music by
John Lennon and Paul McCartney

Verse 1

D   Dsus4 D
Try to see it my   way,

               Dsus4   C   D
Do I have to keep on talking till I can't go on?

               Dsus4 D
While you see it your   way,

               Dsus4   C   D
Run the risk of knowing that our love may soon be gone.

Chorus 1

G   D
We can work it out,

G   A
We can work it out. ____

Verse 2

D   Dsus4 D
Think of what you're say - ing,

               Dsus4   C   D
You can get it wrong and still you think that it's alright.

               Dsus4 D
Think of what I'm say - ing,

               Dsus4   C   D
We can work it out and get it straight, or say goodnight.

Chorus 2

G   D
We can work it out,

G   A
We can work it out. ____

Bridge 1

     Bm   Bm/A   G   F#7sus4
Life is very short, and there's no time ____

       F#7   Bm   Bm/A Bm/G Bm/F#
For fussing and fighting, my friend.

Bm   Bm/A G   F#7sus4
I have always thought that it's a   crime, ____

      F#7   Bm   Bm/A   Bm/G Bm/F#
So I will ask you once a - gain.

Verse 3

     D   Dsus4 D
  Try to see it my   way,

             Dsus4   C   D
Only time will tell if I am right or I am wrong.

             Dsus4 D
While you see it your   way,

                  Dsus4   C   D
There's a chance that we might fall apart before too long.

Chorus 3

G   D
We can work it out,

G   A
We can work it out. ____

Bridge 2   As Bridge 1

Verse 4

     D   Dsus4 D
  Try to see it my   way,

             Dsus4   C   D
Only time will tell if I am right or I am wrong.

             Dsus4 D
While you see it your   way,

                  Dsus4   C   D
There's a chance that we might fall apart before too long.

Chorus 4

G   D
We can work it out,

G   A
We can work it out. ____

    | D | D   ‖

With A Little Help From My Friends

Words & Music by
John Lennon & Paul McCartney

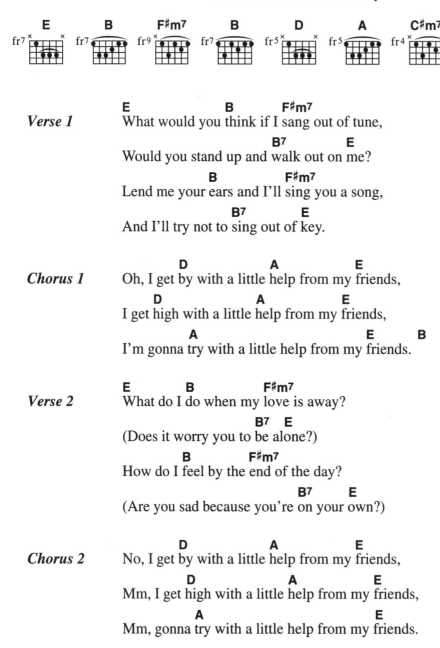

E	B	F♯m7	B	D	A	C♯m7	F♯	C
fr7	fr7	fr9	fr7	fr5	fr5	fr4		fr3

Verse 1

    E   B   F♯m7
What would you think if I sang out of tune,

                 B7   E
Would you stand up and walk out on me?

             B   F♯m7
Lend me your ears and I'll sing you a song,

           B7   E
And I'll try not to sing out of key.

Chorus 1

          D   A   E
Oh, I get by with a little help from my friends,

      D   A   E
I get high with a little help from my friends,

         A   E   B
I'm gonna try with a little help from my friends.

Verse 2

    E   B   F♯m7
What do I do when my love is away?

             B7 E
(Does it worry you to be alone?)

         B   F♯m7
How do I feel by the end of the day?

               B7   E
(Are you sad because you're on your own?)

Chorus 2

          D   A   E
No, I get by with a little help from my friends,

         D   A   E
Mm, I get high with a little help from my friends,

          A   E
Mm, gonna try with a little help from my friends.

Bridge 1

            C♯m7   **F♯**
Do you need anybody?
     E   **D**   **A**
I need somebody to love.
           C♯m7 **F♯**
Could it be anybody?
     E   **D**   **A**
I want somebody to love.

Verse 3

     E   **B**   **F♯m7**
Would you believe in a love at first sight?
               B7   **E**
Yes I'm certain it happens all the time.
            B   **F♯m7**
What do you see when you turn out the light?
              B7   **E**
I can't tell you, but I know it's mine.

Chorus 3

             D   **A**   **E**
Oh, I get by with a little help from my friends,
             D   **A**   **E**
Mm, get high with a little help from my friends,
           A   **E**
Oh, I'm gonna try with a little help from my friends.

Bridge 2   As Bridge 1

Chorus 4

             D   **A**   **E**
Oh, I get by with a little help from my friends,
             D   **A**   **E**
Mm, gonna try with a little help from my friends,
           A   **E**
Oh, I get high with a little help from my friends.
             D   **A**
Yes I get by with a little help from my friends,
                   C   **D E**
With a little help from my friends. ____

Yesterday

Words & Music by
John Lennon and Paul McCartney

G5	F#m	B7	Em	Em/D	Cmaj7	D7	G5/F#

Em7	A7	C	F#m4	D	*C	Em/B	Am6

Tune guitar down 1 tone

Intro　　　| G5　　| G5　　‖

Verse 1

G5　　　　F#m
Yesterday,

　　　　　B7　　　　　　　　Em　　Em/D
All my troubles seemed so far away,

Cmaj7　D7　　　　　　　　　　G5　　　G5/F#
　Now it looks as though they're here to stay,

　　　Em7　A7　　　C　G5
Oh, I be - lieve in yesterday.

Verse 2

G5　　　　F#m
Suddenly,

　　　　　B7　　　　　　Em　　　Em/D
I'm not half the man I used to be,

Cmaj7　　　　D7　　　　G5　　　G5/F#
　There's a shadow hanging over me,

　　　Em7　A7　　　C　G5
Oh, yesterday came suddenly.

Bridge 1

F#m4　B7　Em　D　*C
Why　she　had　to　go

Em/B　Am6　　　D7　　　G5
I　don't know, she wouldn't say.

F#m4　B7　Em　D　*C
I　　said　some-thing wrong

Em/B　Am6　　　D7　　　G5
Now　I long for yesterday.

Verse 3

    G5   **F♯m**
Yesterday,

              B7   **Em**   **Em/D**
Love was such an easy game to play,

    C   **D7**   **G5**   **G5/F♯**
  Now I need a place to hide away

      Em7 A7   **C G5**
Oh, I be - lieve in yesterday.

Bridge 2

    F♯m4 **B7** **Em** **D** ***C**
Why she had to go

    Em/B   **Am6**   **D7**   **G5**
I   don't know, she wouldn't say.

    F♯m4 **B7** **Em** **D**   ***C**
I   said some-thing wrong

    Em/B Am6   **D7** **G5**
Now I long for yesterday.

Verse 4

    G5   **F♯m**
Yesterday,

              B7   **Em**   **Em/D**
Love was such an easy game to play,

    C   **D7**   **G5**   **G5/F♯**
  Now I need a place to hide away,

      Em7 A7   **C G5**
Oh, I be - lieve in yesterday,

    G **A7** **C** **G5**
Mmm. _____

You've Got To Hide Your Love Away

Words & Music by
John Lennon & Paul McCartney

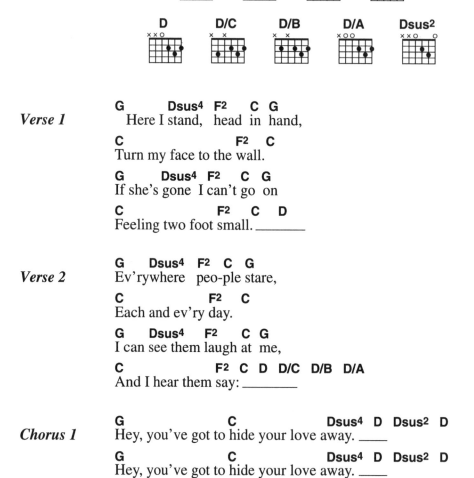

Verse 1

```
G       Dsus⁴ F²  C  G
  Here I stand,   head  in  hand,
C                 F²    C
Turn my face to the wall.
G       Dsus⁴ F²   C  G
If she's gone  I can't go  on
C                 F²    C    D
Feeling two foot small. _____
```

Verse 2

```
G   Dsus⁴ F² C  G
Ev'rywhere  peo-ple stare,
C           F²   C
Each and ev'ry day.
G   Dsus⁴ F²   C  G
I can see them laugh at  me,
C               F²  C  D  D/C  D/B  D/A
And I hear them say: _____
```

Chorus 1

```
G               C               Dsus⁴ D Dsus² D
Hey, you've got to hide your love away. ____
G               C               Dsus⁴ D Dsus² D
Hey, you've got to hide your love away. ____
```

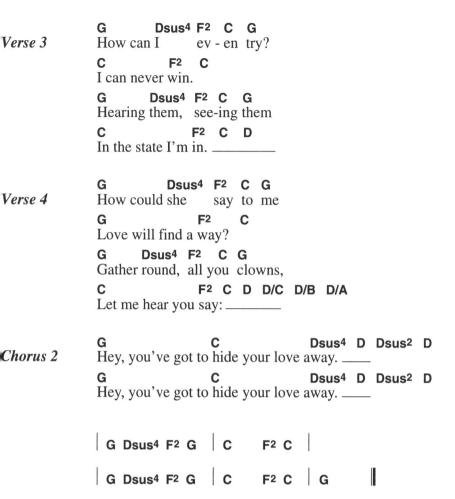

Verse 3

G   Dsus4 F2 C G
How can I   ev - en try?

C   F2   C
I can never win.

G   Dsus4 F2 C G
Hearing them,   see-ing them

C   F2   C   D
In the state I'm in. ———————

Verse 4

G   Dsus4 F2 C G
How could she   say to me

G   F2   C
Love will find a way?

G   Dsus4 F2 C G
Gather round, all you clowns,

C   F2 C D D/C D/B D/A
Let me hear you say: ———————

Chorus 2

G   C   Dsus4 D Dsus2 D
Hey, you've got to hide your love away. ———

G   C   Dsus4 D Dsus2 D
Hey, you've got to hide your love away. ———

| G Dsus4 F2 G | C   F2 C |

| G Dsus4 F2 G | C   F2 C | G   ‖

Printed and bound in Great Britain by
Caligraving Limited Thetford Norfolk

5/98 (30951)